TRANZLATY

La Langue est pour tout le Monde

Kieli kuuluu kaikille

La Belle et la Bête

Kaunotar ja Hirviö

Gabrielle-Suzanne Barbot de Villeneuve

Français / Suomi

Copyright © 2025 Tranzlaty
All rights reserved
Published by Tranzlaty
ISBN: 978-1-80572-043-0
Original text by Gabrielle-Suzanne Barbot de Villeneuve
La Belle et la Bête
First published in French in 1740
Taken from The Blue Fairy Book (Andrew Lang)
Illustration by Walter Crane
www.tranzlaty.com

Il était une fois un riche marchand
Olipa kerran rikas kauppias
ce riche marchand avait six enfants
tällä rikkaalla kauppiaalla oli kuusi lasta
il avait trois fils et trois filles
hänellä oli kolme poikaa ja kolme tytärtä
il n'a épargné aucun coût pour leur éducation
hän ei säästänyt kustannuksia heidän koulutuksestaan
parce qu'il était un homme sensé
koska hän oli järkevä mies
mais il a donné à ses enfants de nombreux serviteurs
mutta hän antoi lapsilleen paljon palvelijoita
ses filles étaient extrêmement jolies
hänen tyttärensä olivat erittäin kauniita
et sa plus jeune fille était particulièrement jolie
ja hänen nuorin tyttärensä oli erityisen kaunis
Déjà enfant, sa beauté était admirée
Hänen kauneuttaan ihailtiin jo lapsena
et les gens l'appelaient à cause de sa beauté
ja ihmiset kutsuivat häntä hänen kauneutensa vuoksi
sa beauté ne s'est pas estompée avec l'âge
hänen kauneutensa ei haihtunut vanhetessaan
alors les gens ont continué à l'appeler par sa beauté
joten ihmiset kutsuivat häntä kauneutensa takia
cela a rendu ses sœurs très jalouses
tämä sai hänen sisarensa hyvin mustasukkaiseksi
les deux filles aînées avaient beaucoup de fierté
kahdella vanhimmalla tyttärellä oli paljon ylpeyttä
leur richesse était la source de leur fierté
heidän rikkautensa oli heidän ylpeytensä lähde
et ils n'ont pas caché leur fierté non plus
eivätkä he myöskään piilottaneet ylpeyttään
ils n'ont pas rendu visite aux filles d'autres marchands
he eivät käyneet muiden kauppiaiden tyttärien luona
parce qu'ils ne rencontrent que l'aristocratie
koska he kohtaavat vain aristokratian

ils sortaient tous les jours pour faire la fête
he menivät joka päivä juhliin
bals, pièces de théâtre, concerts, etc.
pallot, näytelmät, konsertit ja niin edelleen
et ils se moquèrent de leur plus jeune sœur
ja he nauroivat nuorimmalle siskolleen
parce qu'elle passait la plupart de son temps à lire
koska hän vietti suurimman osan ajastaan lukemiseen
il était bien connu qu'ils étaient riches
tiedettiin hyvin, että he olivat varakkaita
alors plusieurs marchands éminents ont demandé leur main
joten useat merkittävät kauppiaat pyysivät heidän kättään
mais ils ont dit qu'ils n'allaient pas se marier
mutta he sanoivat, etteivät aio mennä naimisiin
mais ils étaient prêts à faire quelques exceptions
mutta he olivat valmiita tekemään joitain poikkeuksia
« Peut-être que je pourrais épouser un duc »
"ehkä voisin mennä naimisiin herttuan kanssa"
« Je suppose que je pourrais épouser un comte »
"Luulen, että voisin mennä naimisiin Earlin kanssa"
Belle a remercié très civilement ceux qui lui ont proposé
kaunotar kiitti hyvin sivistyneesti häntä kosineita
elle leur a dit qu'elle était encore trop jeune pour se marier
hän kertoi heille olevansa vielä liian nuori mennäkseen naimisiin
elle voulait rester quelques années de plus avec son père
hän halusi olla vielä muutaman vuoden isänsä luona
Tout d'un coup, le marchand a perdu sa fortune
Yhtäkkiä kauppias menetti omaisuutensa
il a tout perdu sauf une petite maison de campagne
hän menetti kaiken paitsi pienen maalaistalon
et il dit à ses enfants, les larmes aux yeux :
ja hän sanoi lapsilleen kyyneleet silmissään:
« il faut aller à la campagne »
"Meidän täytyy mennä maaseudulle"
« et nous devons travailler pour gagner notre vie »

"ja meidän on tehtävä työtä elantomme eteen"
les deux filles aînées ne voulaient pas quitter la ville
kaksi vanhinta tytärtä eivät halunneet lähteä kaupungista
ils avaient plusieurs amants dans la ville
heillä oli kaupungissa useita rakastajia
et ils étaient sûrs que l'un de leurs amants les épouserait
ja he olivat varmoja, että joku heidän rakastajistaan menisi heidän kanssaan naimisiin
ils pensaient que leurs amants les épouseraient même sans fortune
he luulivat, että heidän rakastajansa menivät heidän kanssaan naimisiin ilman omaisuutta
mais les bonnes dames se sont trompées
mutta hyvät naiset erehtyivät
leurs amants les ont abandonnés très vite
heidän rakastajansa hylkäsivät heidät hyvin nopeasti
parce qu'ils n'avaient plus de fortune
koska heillä ei ollut enää omaisuutta
cela a montré qu'ils n'étaient pas vraiment appréciés
tämä osoitti, että he eivät olleet kovin pidettyjä
tout le monde a dit qu'ils ne méritaient pas d'être plaints
kaikki sanoivat, että he eivät ansaitse tulla sääliksi
« Nous sommes heureux de voir leur fierté humiliée »
"Olemme iloisia nähdessämme heidän ylpeytensä nöyrtyvän"
« Qu'ils soient fiers de traire les vaches »
"olkoot ylpeitä lypsävistä lehmistä"
mais ils étaient préoccupés par Belle
mutta he olivat huolissaan kauneudesta
elle était une créature si douce
hän oli niin suloinen olento
elle parlait si gentiment aux pauvres
hän puhui niin ystävällisesti köyhille
et elle était d'une nature si innocente
ja hän oli niin viaton luonne
Plusieurs messieurs l'auraient épousée
Useat herrat olisivat menneet naimisiin hänen kanssaan

ils l'auraient épousée même si elle était pauvre
he olisivat menneet naimisiin hänen kanssaan, vaikka hän oli köyhä
mais elle leur a dit qu'elle ne pouvait pas les épouser
mutta hän sanoi heille, ettei hän voisi mennä naimisiin heidän kanssaan
parce qu'elle ne voulait pas quitter son père
koska hän ei jättäisi isäänsä
elle était déterminée à l'accompagner à la campagne
hän oli päättänyt lähteä hänen kanssaan maaseudulle
afin qu'elle puisse le réconforter et l'aider
jotta hän voisi lohduttaa ja auttaa häntä
pauvre Belle était très affligée au début
Huono kauneus oli aluksi hyvin surullinen
elle était attristée par la perte de sa fortune
hän oli surullinen omaisuutensa menetyksestä
"Mais pleurer ne changera pas mon destin"
"mutta itkeminen ei muuta onneani"
« Je dois essayer de me rendre heureux sans richesse »
"Minun täytyy yrittää tehdä itseni onnelliseksi ilman varallisuutta"
ils sont venus dans leur maison de campagne
he tulivat maalaistalolleen
et le marchand et ses trois fils s'appliquèrent à l'agriculture
ja kauppias ja hänen kolme poikaansa ryhtyivät karjanhoitoon
Belle s'est levée à quatre heures du matin
kauneus nousi neljältä aamulla
et elle s'est dépêchée de nettoyer la maison
ja hän kiirehti siivoamaan taloa
et elle s'est assurée que le dîner était prêt
ja hän varmisti, että illallinen oli valmis
au début, elle a trouvé sa nouvelle vie très difficile
alussa hän koki uuden elämänsä erittäin vaikeaksi
parce qu'elle n'était pas habituée à un tel travail
koska hän ei ollut tottunut sellaiseen työhön
mais en moins de deux mois elle est devenue plus forte

mutta alle kahdessa kuukaudessa hän vahvistui
et elle était en meilleure santé que jamais auparavant
ja hän oli terveempi kuin koskaan ennen
après avoir fait son travail, elle a lu
kun hän oli tehnyt työnsä, hän luki
elle jouait du clavecin
hän soitti cembaloa
ou elle chantait en filant de la soie
tai hän lauloi samalla kun hän kehräsi silkkiä
au contraire, ses deux sœurs ne savaient pas comment passer leur temps
päinvastoin, hänen kaksi sisartaan eivät tienneet kuinka viettää aikaansa
ils se sont levés à dix heures et n'ont rien fait d'autre que paresser toute la journée
he nousivat kymmeneltä eivätkä tehneet muuta kuin laiskotellen koko päivän
ils ont déploré la perte de leurs beaux vêtements
he valittivat hienojen vaatteensa menetystä
et ils se sont plaints d'avoir perdu leurs connaissances
ja he valittivat tuttaviensa menettämisestä
« Regardez notre plus jeune sœur », se dirent-ils.
"Katsokaa meidän nuorinta siskoamme", he sanoivat toisilleen
"Quelle pauvre et stupide créature elle est"
"mikä köyhä ja tyhmä olento hän on"
"C'est mesquin de se contenter de si peu"
"on ikävää olla tyytyväinen niin vähään"
le gentil marchand était d'un avis tout à fait différent
ystävällinen kauppias oli aivan eri mieltä
il savait très bien que Belle éclipsait ses sœurs
hän tiesi erittäin hyvin, että kauneus loisti hänen sisarensa
elle les a surpassés en caractère ainsi qu'en esprit
hän ylitti heidät luonteeltaan ja mieleltään
il admirait son humilité et son travail acharné
hän ihaili hänen nöyryyttään ja kovaa työtä
mais il admirait surtout sa patience

mutta ennen kaikkea hän ihaili hänen kärsivällisyyttään
ses sœurs lui ont laissé tout le travail à faire
hänen sisarensa jättivät hänelle kaiken työn
et ils l'insultaient à chaque instant
ja he loukkasivat häntä joka hetki
La famille vivait ainsi depuis environ un an.
Perhe oli elänyt tällä tavalla noin vuoden
puis le commerçant a reçu une lettre d'un comptable
sitten kauppias sai kirjeen kirjanpitäjältä
il avait un investissement dans un navire
hänellä oli sijoitus laivaan
et le navire était arrivé sain et sauf
ja laiva oli turvallisesti perillä
Cette nouvelle a fait tourner les têtes des deux filles aînées
t hänen uutisensa käänsivät kahden vanhimman tyttären päät
ils ont immédiatement eu l'espoir de revenir en ville
heillä oli heti toivo palata kaupunkiin
parce qu'ils étaient assez fatigués de la vie à la campagne
koska he olivat melko väsyneitä maalaiselämään
ils sont allés vers leur père alors qu'il partait
he menivät isänsä luo, kun tämä oli lähdössä
ils l'ont supplié de leur acheter de nouveaux vêtements
he pyysivät häntä ostamaan heille uusia vaatteita
des robes, des rubans et toutes sortes de petites choses
mekkoja, nauhoja ja kaikenlaisia pikkuasioita
mais Belle n'a rien demandé
mutta kauneus ei pyytänyt mitään
parce qu'elle pensait que l'argent ne serait pas suffisant
koska hän ajatteli, että rahat eivät riittäisi
il n'y aurait pas assez pour acheter tout ce que ses sœurs voulaient
ei riittäisi ostamaan kaikkea, mitä hänen sisarensa halusivat
"Que veux-tu, ma belle ?" demanda son père
"Mitä sinä haluaisit, kaunotar?" kysyi isänsä
« Merci, père, pour la bonté de penser à moi », **dit-elle**
"Kiitos, isä, että ajattelit minua", hän sanoi

« Père, ayez la gentillesse de m'apporter une rose »
"Isä, ole niin ystävällinen ja tuo minulle ruusu"
"parce qu'aucune rose ne pousse ici dans le jardin"
"koska ruusuja ei kasva täällä puutarhassa"
"et les roses sont une sorte de rareté"
"ja ruusut ovat eräänlainen harvinaisuus"
Belle ne se souciait pas vraiment des roses
kauneus ei todellakaan välittänyt ruusuista
elle a juste demandé quelque chose pour ne pas condamner ses sœurs
hän vain pyysi jotain, jotta hän ei tuomitsisi sisaruksiaan
mais ses sœurs pensaient qu'elle avait demandé des roses pour d'autres raisons
mutta hänen sisarensa luulivat, että hän pyysi ruusuja muista syistä
"Elle l'a fait juste pour avoir l'air particulière"
"hän teki sen vain näyttääkseen erityiseltä"
L'homme gentil est parti en voyage
Ystävällinen mies lähti matkaansa
mais quand il est arrivé, ils se sont disputés à propos de la marchandise
mutta kun hän saapui, he riitelivät tavarasta
et après beaucoup d'ennuis, il est revenu aussi pauvre qu'avant
ja monen vaivan jälkeen hän palasi takaisin yhtä köyhänä kuin ennenkin
il était à quelques heures de sa propre maison
hän oli muutaman tunnin päässä omasta talostaan
et il imaginait déjà la joie de revoir ses enfants
ja hän kuvitteli jo lastensa näkemisen ilon
mais en traversant la forêt, il s'est perdu
mutta metsän halki kulkiessaan hän eksyi
il a plu et neigé terriblement
satoi ja satoi kauheasti
le vent était si fort qu'il l'a fait tomber de son cheval
tuuli oli niin kova, että se heitti hänet hevosestaan

et la nuit arrivait rapidement
ja yö tuli nopeasti
il a commencé à penser qu'il pourrait mourir de faim
hän alkoi ajatella, että hän näkisi nälkään
et il pensait qu'il pourrait mourir de froid
ja hän ajatteli, että hän voisi jäätyä kuoliaaksi
et il pensait que les loups pourraient le manger
ja hän ajatteli, että sudet voivat syödä hänet
les loups qu'il entendait hurler tout autour de lui
sudet, jotka hän kuuli ulvovan ympärillään
mais tout à coup il a vu une lumière
mutta yhtäkkiä hän näki valon
il a vu la lumière au loin à travers les arbres
hän näki valon kaukaa puiden läpi
quand il s'est approché, il a vu que la lumière était un palais
kun hän tuli lähemmäksi, hän näki valon olevan palatsi
le palais était illuminé de haut en bas
palatsi oli valaistu ylhäältä alas
le marchand a remercié Dieu pour sa chance
kauppias kiitti Jumalaa onnesta
et il se précipita vers le palais
ja hän kiirehti palatsiin
mais il fut surpris de ne voir personne dans le palais
mutta hän oli yllättynyt, kun hän ei nähnyt ihmisiä palatsissa
la cour était complètement vide
piha oli täysin tyhjä
et il n'y avait aucun signe de vie nulle part
eikä elon merkkiä näkynyt missään
son cheval le suivit dans le palais
hänen hevosensa seurasi häntä palatsiin
et puis son cheval a trouvé une grande écurie
ja sitten hänen hevosensa löysi suuren tallin
le pauvre animal était presque affamé
köyhä eläin oli melkein nälkäinen
alors son cheval est allé chercher du foin et de l'avoine
niin hänen hevosensa meni etsimään heinää ja kauraa

Heureusement, il a trouvé beaucoup à manger
onneksi hän löysi runsaasti syötävää
et le marchand attacha son cheval à la mangeoire
ja kauppias sitoi hevosensa seimeen
En marchant vers la maison, il n'a vu personne
kävellessään kohti taloa hän ei nähnyt ketään
mais dans une grande salle il trouva un bon feu
mutta suuresta salista hän löysi hyvän tulen
et il a trouvé une table dressée pour une personne
ja hän löysi yhdelle katetun pöydän
il était mouillé par la pluie et la neige
hän oli märkä sateesta ja lumesta
alors il s'est approché du feu pour se sécher
niin hän meni lähelle tulta kuivaamaan
« J'espère que le maître de maison m'excusera »
"Toivon, että talon isäntä antaa minulle anteeksi"
« Je suppose qu'il ne faudra pas longtemps pour que quelqu'un apparaisse »
"Ei kestä kauan, että joku ilmestyy"
Il a attendu un temps considérable
Hän odotti pitkään
il a attendu jusqu'à ce que onze heures sonnent, et toujours personne n'est venu
hän odotti, kunnes kello osui yksitoista, eikä kukaan tullut vieläkään
enfin, il avait tellement faim qu'il ne pouvait plus attendre
vihdoin hän oli niin nälkäinen, ettei hän voinut odottaa enää
il a pris du poulet et l'a mangé en deux bouchées
hän otti kanaa ja söi sen kahdessa suupalassa
il tremblait en mangeant la nourriture
hän vapisi syödessään ruokaa
après cela, il a bu quelques verres de vin
tämän jälkeen hän joi muutaman lasin viiniä
devenant plus courageux, il sortit du hall
rohkaistuessaan hän lähti salista
et il traversa plusieurs grandes salles

ja hän kulki useiden suurien hallien läpi
il a traversé le palais jusqu'à ce qu'il arrive dans une chambre
hän käveli palatsin läpi, kunnes tuli kammioon
une chambre qui contenait un très bon lit
kammio, jossa oli erittäin hyvä sänky
il était très fatigué par son épreuve
hän oli hyvin väsynyt koettelemuksestaan
et il était déjà minuit passé
ja kello oli jo yli puolenyön
alors il a décidé qu'il était préférable de fermer la porte
joten hän päätti, että oli parasta sulkea ovi
et il a conclu qu'il devrait aller se coucher
ja hän päätti, että hänen pitäisi mennä nukkumaan
Il était dix heures du matin lorsque le marchand s'est réveillé
Kello oli kymmenen aamulla, kun kauppias heräsi
au moment où il allait se lever, il vit quelque chose
juuri kun hän aikoi nousta, hän näki jotain
il a été étonné de voir un ensemble de vêtements propres
hän hämmästyi nähdessään puhtaan vaatesarjan
à l'endroit où il avait laissé ses vêtements sales
paikkaan, johon hän oli jättänyt likaiset vaatteensa
"ce palais appartient certainement à une sorte de fée"
"Tämä palatsi kuuluu varmasti jollekin keijulle"
" une fée qui m'a vu et qui a eu pitié de moi"
" keiju , joka on nähnyt ja säälinyt minut"
il a regardé à travers une fenêtre
hän katsoi ikkunasta
mais au lieu de neige, il vit le jardin le plus charmant
mutta lumen sijasta hän näki mitä ihanamman puutarhan
et dans le jardin il y avait les plus belles roses
ja puutarhassa oli kauneimpia ruusuja
il est ensuite retourné dans la grande salle
sitten hän palasi suureen saliin
la salle où il avait mangé de la soupe la veille

sali, jossa hän oli syönyt keittoa edellisenä iltana
et il a trouvé du chocolat sur une petite table
ja hän löysi suklaata pieneltä pöydältä
« Merci, bonne Madame la Fée », dit-il à voix haute.
"Kiitos, hyvä rouva Fairy", hän sanoi ääneen
"Merci d'être si attentionné"
"Kiitos että olet niin välittävä"
« Je vous suis extrêmement reconnaissant pour toutes vos faveurs »
"Olen erittäin kiitollinen sinulle kaikista palveluksistasi"
l'homme gentil a bu son chocolat
kiltti mies joi suklaansa
et puis il est allé chercher son cheval
ja sitten hän meni etsimään hevosta
mais dans le jardin il se souvint de la demande de Belle
mutta puutarhassa hän muisti kauneuden pyynnön
et il coupa une branche de roses
ja hän katkaisi ruusuista oksan
immédiatement il entendit un grand bruit
heti hän kuuli suuren äänen
et il vit une bête terriblement effrayante
ja hän näki hirveän pelottavan pedon
il était tellement effrayé qu'il était sur le point de s'évanouir
hän oli niin peloissaan, että oli valmis pyörtymään
« Tu es bien ingrat », lui dit la bête.
"Olet hyvin kiittämätön", sanoi peto hänelle
et la bête parla d'une voix terrible
ja peto puhui kauhealla äänellä
« Je t'ai sauvé la vie en te laissant entrer dans mon château »
"Olen pelastanut henkesi päästämällä sinut linnaani"
"et pour ça tu me voles mes roses en retour ?"
"ja tästä varastat ruusuni vastineeksi?"
« Les roses que j'apprécie plus que tout »
"Ruusut, joita arvostan yli kaiken"
"mais tu mourras pour ce que tu as fait"
"mutta sinun on kuoltava sen tähden, mitä olet tehnyt"

« Je ne vous donne qu'un quart d'heure pour vous préparer »
"Annan sinulle vain neljännestuntia valmistautua"
« Préparez-vous à la mort et dites vos prières »
"Valmistaudu kuolemaan ja rukoile"
le marchand tomba à genoux
kauppias lankesi polvilleen
et il leva ses deux mains
ja hän kohotti molemmat kätensä
« Monseigneur, je vous supplie de me pardonner »
"Herrani, pyydän teitä antamaan minulle anteeksi"
« Je n'avais aucune intention de t'offenser »
"Minulla ei ollut aikomusta loukata sinua"
« J'ai cueilli une rose pour une de mes filles »
"Kokoin ruusun yhdelle tyttärestäni"
"elle m'a demandé de lui apporter une rose"
"hän pyysi minua tuomaan hänelle ruusun"
« Je ne suis pas ton seigneur, mais je suis une bête »,
répondit le monstre
"En ole herrasi, mutta olen peto", vastasi hirviö
« Je n'aime pas les compliments »
"En pidä kohteliaisuuksista"
« J'aime les gens qui parlent comme ils pensent »
"Pidän ihmisistä, jotka puhuvat niin kuin ajattelevat"
« N'imaginez pas que je puisse être ému par la flatterie »
"älä kuvittele, että imartelu voi liikuttaa minua"
« Mais tu dis que tu as des filles »
"Mutta sinä sanot, että sinulla on tyttäriä"
"Je te pardonnerai à une condition"
"Annan sinulle anteeksi yhdellä ehdolla"
« L'une de vos filles doit venir volontairement à mon palais »
"Yksi tyttäreistäsi täytyy tulla palatsiini mielellään"
"et elle doit souffrir pour toi"
"ja hänen täytyy kärsiä puolestasi"
« Donne-moi ta parole »
"Anna minun sanoa sanasi"

"et ensuite tu pourras vaquer à tes occupations"
"ja sitten voit hoitaa asioitasi"
« Promets-moi ceci : »
"Lupaa minulle tämä:"
"Si votre fille refuse de mourir pour vous, vous devez revenir dans les trois mois"
"Jos tyttäresi kieltäytyy kuolemasta puolestasi, sinun on palattava kolmen kuukauden kuluessa"
le marchand n'avait aucune intention de sacrifier ses filles
kauppiaalla ei ollut aikomusta uhrata tyttäriään
mais, comme on lui en donnait le temps, il voulait revoir ses filles une fois de plus
mutta koska hänelle oli annettu aikaa, hän halusi nähdä tyttärensä vielä kerran
alors il a promis qu'il reviendrait
joten hän lupasi palata
et la bête lui dit qu'il pouvait partir quand il le voudrait
ja peto sanoi hänelle, että hän voisi lähteä liikkeelle, kun hän haluaa
et la bête lui dit encore une chose
ja peto kertoi hänelle vielä yhden asian
« Tu ne partiras pas les mains vides »
"älä lähde tyhjin käsin"
« retourne dans la pièce où tu étais allongé »
"Mene takaisin huoneeseen, jossa makasit"
« vous verrez un grand coffre au trésor vide »
"näet suuren tyhjän aarrearkun"
« Remplissez le coffre aux trésors avec ce que vous préférez »
"täytä aarrearkku millä tahansa parhaalla tavalla"
"et j'enverrai le coffre au trésor chez toi"
"ja minä lähetän aarrearkun kotiisi"
et en même temps la bête s'est retirée
ja samalla peto vetäytyi
« Eh bien, » se dit le bon homme
"No", sanoi hyvä mies itselleen

« Si je dois mourir, je laisserai au moins quelque chose à mes enfants »
"Jos minun on kuoltava, jätän ainakin jotain lapsilleni"
alors il retourna dans la chambre à coucher
niin hän palasi makuuhuoneeseen
et il a trouvé une grande quantité de pièces d'or
ja hän löysi paljon kultahiukkasia
il a rempli le coffre au trésor que la bête avait mentionné
hän täytti pedon mainitseman aarrearkun
et il sortit son cheval de l'écurie
ja hän vei hevosensa tallista
la joie qu'il ressentait en entrant dans le palais était désormais égale à la douleur qu'il ressentait en le quittant
ilo, jonka hän tunsi astuessaan palatsiin, oli nyt yhtä suuri kuin suru, jonka hän tunsi sieltä poistuessaan
le cheval a pris un des chemins de la forêt
hevonen kulki yhdellä metsän teistä
et quelques heures plus tard, le bon homme était à la maison
ja muutaman tunnin kuluttua hyvä mies oli kotona
ses enfants sont venus à lui
hänen lapsensa tulivat hänen luokseen
mais au lieu de recevoir leurs étreintes avec plaisir, il les regardait
mutta sen sijaan, että hän olisi vastaanottanut heidän syleilynsä ilolla, hän katsoi heitä
il brandit la branche qu'il tenait dans ses mains
hän kohotti oksaa, joka hänellä oli käsissään
et puis il a fondu en larmes
ja sitten hän purskahti itkuun
« Belle », dit-il, « s'il te plaît, prends ces roses »
"Kauneus", hän sanoi, "ottakaa nämä ruusut"
"Vous ne pouvez pas savoir à quel point ces roses ont été chères"
"et voi tietää kuinka kalliita nämä ruusut ovat olleet"
"Ces roses ont coûté la vie à ton père"
"nämä ruusut ovat maksaneet isällesi hänen henkensä"

et puis il raconta sa fatale aventure
ja sitten hän kertoi kohtalokkaasta seikkailustaan
immédiatement les deux sœurs aînées crièrent
heti kaksi vanhinta sisarta huusivat
et ils ont dit beaucoup de choses méchantes à leur belle sœur
ja he sanoivat monia ilkeitä asioita kauniille siskolleen
mais Belle n'a pas pleuré du tout
mutta kauneus ei itkenyt ollenkaan
« Regardez l'orgueil de ce petit misérable », dirent-ils.
"Katsokaa tuon pienen kurjan ylpeyttä", he sanoivat
"elle n'a pas demandé de beaux vêtements"
"hän ei pyytänyt hienoja vaatteita"
"Elle aurait dû faire ce que nous avons fait"
"hänen olisi pitänyt tehdä mitä me teimme"
"elle voulait se distinguer"
"hän halusi erottua"
"alors maintenant elle sera la mort de notre père"
"niin nyt hän on isämme kuolema"
"et pourtant elle ne verse pas une larme"
"ja silti hän ei vuodata kyyneleltä"
"Pourquoi devrais-je pleurer ?" répondit Belle
"Miksi minun pitäisi itkeä?" vastasi kaunotar
« pleurer serait très inutile »
"itkeminen olisi turhaa"
« Mon père ne souffrira pas pour moi »
"isäni ei kärsi puolestani"
"le monstre acceptera une de ses filles"
"hirviö hyväksyy yhden tyttärestään"
« Je m'offrirai à toute sa fureur »
"Annan itseni kaikelle hänen raivolleen"
« Je suis très heureux, car ma mort sauvera la vie de mon père »
"Olen hyvin onnellinen, koska kuolemani pelastaa isäni hengen"
"ma mort sera une preuve de mon amour"
"Kuolemani on todiste rakkaudestani"

« Non, ma sœur », dirent ses trois frères
"Ei, sisko", sanoi hänen kolme veljeään
"cela ne sera pas"
"se ei tule olemaan"
"nous allons chercher le monstre"
"Me lähdemme etsimään hirviötä"
"et soit on le tue..."
"ja joko tapamme hänet..."
« ... ou nous périrons dans cette tentative »
"...tai me tuhoudumme yrityksessä"
« N'imaginez rien de tel, mes fils », dit le marchand.
"Älkää kuvitelko mitään sellaista, poikani", sanoi kauppias
"La puissance de la bête est si grande que je n'ai aucun espoir que tu puisses la vaincre"
"pedon voima on niin suuri, että minulla ei ole toivoa, että voisit voittaa hänet"
« Je suis charmé par l'offre aimable et généreuse de Belle »
"Olen ihastunut kauneuden ystävälliseen ja anteliaan tarjoukseen"
"mais je ne peux pas accepter sa générosité"
"mutta en voi hyväksyä hänen anteliaisuuttaan"
« Je suis vieux et je n'ai plus beaucoup de temps à vivre »
"Olen vanha, eikä minulla ole enää kauan elinaikaa"
"Je ne peux donc perdre que quelques années"
"joten voin menettää vain muutaman vuoden"
"un temps que je regrette pour vous, mes chers enfants"
"aika, jota kadun teidän puolestanne, rakkaat lapseni"
« Mais père », dit Belle
"Mutta isä", sanoi kaunotar
"tu n'iras pas au palais sans moi"
"et mene palatsiin ilman minua"
"tu ne peux pas m'empêcher de te suivre"
"et voi estää minua seuraamasta sinua"
rien ne pourrait convaincre Belle autrement
mikään ei voisi vakuuttaa kauneutta toisin
elle a insisté pour aller au beau palais

hän vaati menevänsä hienoon palatsiin
et ses sœurs étaient ravies de son insistance
ja hänen sisarensa olivat iloisia hänen vaatimuksestaan
Le marchand était inquiet à l'idée de perdre sa fille
Kauppias oli huolissaan ajatuksesta, että hän menettäisi tyttärensä
il était tellement inquiet qu'il avait oublié le coffre rempli d'or
hän oli niin huolissaan, että hän oli unohtanut arkun, joka oli täynnä kultaa
la nuit, il se retirait pour se reposer et fermait la porte de sa chambre
yöllä hän vetäytyi lepäämään ja sulki kammionsa oven
puis, à sa grande surprise, il trouva le trésor à côté de son lit
sitten hän suureksi hämmästykseikseen löysi aarteen vuoteensa vierestä
il était déterminé à ne rien dire à ses enfants
hän oli päättänyt olla kertomatta lapsilleen
s'ils savaient, ils auraient voulu retourner en ville
jos he olisivat tienneet, he olisivat halunneet palata kaupunkiin
et il était résolu à ne pas quitter la campagne
ja hän päätti olla lähtemättä maaseudulta
mais il confia le secret à Belle
mutta hän luotti salaisuuden kauneuteen
elle l'informa que deux messieurs étaient venus
hän ilmoitti hänelle, että kaksi herraa oli saapunut
et ils ont fait des propositions à ses sœurs
ja he tekivät ehdotuksia hänen sisarilleen
elle a supplié son père de consentir à leur mariage
hän pyysi isäänsä suostumaan heidän avioliittoonsa
et elle lui a demandé de leur donner une partie de sa fortune
ja hän pyysi häntä antamaan heille osan omaisuudestaan
elle leur avait déjà pardonné
hän oli jo antanut heille anteeksi
les méchantes créatures se frottaient les yeux avec des

oignons
pahat olennot hieroivat silmiään sipulilla
pour forcer quelques larmes quand ils se sont séparés de leur sœur
pakottaakseen kyyneleitä, kun he erosivat sisarensa kanssa
mais ses frères étaient vraiment inquiets
mutta hänen veljensä olivat todella huolissaan
Belle était la seule à ne pas verser de larmes
kaunotar oli ainoa, joka ei vuodattanut kyyneleitä
elle ne voulait pas augmenter leur malaise
hän ei halunnut lisätä heidän levottomuuttaan
le cheval a pris la route directe vers le palais
hevonen kulki suoraa tietä palatsiin
et vers le soir ils virent le palais illuminé
ja illalla he näkivät valaistun palatsin
le cheval est rentré à l'écurie
hevonen vei itsensä taas talliin
et le bon homme et sa fille entrèrent dans la grande salle
ja hyvä mies ja hänen tyttärensä menivät suureen saliin
ici ils ont trouvé une table magnifiquement dressée
täältä he löysivät pöydän, joka oli upeasti katettu
le marchand n'avait pas d'appétit pour manger
kauppiaalla ei ollut ruokahalua
mais Belle s'efforçait de paraître joyeuse
mutta kauneus yritti näyttää iloiselta
elle s'est assise à table et a aidé son père
hän istui pöytään ja auttoi isäänsä
mais elle pensait aussi :
mutta hän ajatteli myös itsekseen:
"La bête veut sûrement m'engraisser avant de me manger"
"Peto haluaa varmasti lihottaa minut ennen kuin syö minut"
"c'est pourquoi il offre autant de divertissement"
"Siksi hän tarjoaa niin runsasta viihdettä"
après avoir mangé, ils entendirent un grand bruit
syötyään he kuulivat suurta melua
et le marchand fit ses adieux à son malheureux enfant, les

larmes aux yeux
ja kauppias jätti onnettoman lapsensa hyvästit kyyneleet silmissään
parce qu'il savait que la bête allait venir
koska hän tiesi, että peto oli tulossa
Belle était terrifiée par sa forme horrible
kaunotar oli kauhuissaan hänen kauheasta muodostaan
mais elle a pris courage du mieux qu'elle a pu
mutta hän uskalsi niin hyvin kuin pystyi
et le monstre lui a demandé si elle était venue volontairement
ja hirviö kysyi häneltä tuliko hän mielellään
"Oui, je suis venue volontiers", dit-elle en tremblant
"Kyllä, olen tullut mielelläni", hän sanoi vapisten
la bête répondit : « Tu es très bon »
peto vastasi: "Olet erittäin hyvä"
"et je vous suis très reconnaissant, honnête homme"
"Ja olen erittäin kiitollinen sinulle, rehellinen mies"
« Allez-y demain matin »
"menkää tiesi huomisaamuna"
"mais ne pense plus jamais à revenir ici"
"mutta älä koskaan ajattele tulla tänne enää"
« Adieu Belle, adieu bête », répondit-il
"Hyvästi kaunotar, jäähyväiset peto", hän vastasi
et immédiatement le monstre s'est retiré
ja heti hirviö vetäytyi
« Oh, ma fille », dit le marchand
"Voi tytär", sanoi kauppias
et il embrassa sa fille une fois de plus
ja hän syleili tytärtään vielä kerran
« Je suis presque mort de peur »
"Olen melkein kuoliaaksi peloissani"
"crois-moi, tu ferais mieux de rentrer"
"Usko minua, sinun on parempi mennä takaisin"
"Laisse-moi rester ici, à ta place"
"Anna minun jäädä tänne sinun sijaansi"

« Non, père », dit Belle d'un ton résolu.
"Ei, isä", sanoi kaunotar päättäväisellä äänellä
"tu partiras demain matin"
"Sinä lähdet huomenna aamulla"
« Laissez-moi aux soins et à la protection de la Providence »
"jätä minut huolenpidon huoleksi ja suojelukseksi"
néanmoins ils sont allés se coucher
siitä huolimatta he menivät nukkumaan
ils pensaient qu'ils ne fermeraient pas les yeux de la nuit
he luulivat, etteivät he sulkeisi silmiään koko yönä
mais juste au moment où ils se couchaient, ils s'endormirent
mutta nukkuessaan he nukkuivat
La belle rêva qu'une belle dame venait et lui disait :
kaunotar näki unta, hieno nainen tuli ja sanoi hänelle:
« Je suis content, Belle, de ta bonne volonté »
"Olen tyytyväinen, kauneus, hyvään tahtoonne"
« Cette bonne action de votre part ne restera pas sans récompense »
"tämä hyvä tekosi ei jää palkitsematta"
Belle s'est réveillée et a raconté son rêve à son père
kaunotar heräsi ja kertoi isälleen unestaan
le rêve l'a aidé à se réconforter un peu
unelma lohdutti häntä hieman
mais il ne pouvait s'empêcher de pleurer amèrement en partant
mutta hän ei voinut olla itkemättä katkerasti lähteessään
Dès qu'il fut parti, Belle s'assit dans la grande salle et pleura aussi
heti kun hän oli poissa, kauneus istui suuressa salissa ja myös itki
mais elle résolut de ne pas s'inquiéter
mutta hän päätti olla levoton
elle a décidé d'être forte pour le peu de temps qui lui restait à vivre
hän päätti olla vahva sen pienen ajan, joka hänellä oli jäljellä elääkseen

parce qu'elle croyait fermement que la bête la mangerait
koska hän uskoi lujasti, että peto syö hänet
Cependant, elle pensait qu'elle pourrait aussi bien explorer le palais
hän kuitenkin ajatteli, että hän voisi yhtä hyvin tutustua palatsiin
et elle voulait voir le beau château
ja hän halusi katsella hienoa linnaa
un château qu'elle ne pouvait s'empêcher d'admirer
linna, jota hän ei voinut olla ihailematta
c'était un palais délicieusement agréable
se oli ilahduttavan miellyttävä palatsi
et elle fut extrêmement surprise de voir une porte
ja hän oli erittäin yllättynyt nähdessään oven
et sur la porte il était écrit que c'était sa chambre
ja oven yli oli kirjoitettu, että se oli hänen huoneensa
elle a ouvert la porte à la hâte
hän avasi oven hätäisesti
et elle était tout à fait éblouie par la magnificence de la pièce
ja hän oli aivan hämmentynyt huoneen loistosta
ce qui a principalement retenu son attention était une grande bibliothèque
pääasiallisesti hänen huomionsa kiinnitti suuri kirjasto
un clavecin et plusieurs livres de musique
cembalo ja useita musiikkikirjoja
« Eh bien, » se dit-elle
"No", hän sanoi itselleen
« Je vois que la bête ne laissera pas mon temps peser sur moi »
"Näen, että peto ei anna aikani roikkua raskaana"
puis elle réfléchit à sa situation
sitten hän pohti itsekseen tilannettaan
« Si je devais rester un jour, tout cela ne serait pas là »
"Jos minun olisi tarkoitus jäädä päiväksi, tämä kaikki ei olisi täällä"
cette considération lui inspira un courage nouveau

tämä harkinta inspiroi häntä uutta rohkeutta
et elle a pris un livre de sa nouvelle bibliothèque
ja hän otti kirjan uudesta kirjastostaan
et elle lut ces mots en lettres d'or :
ja hän luki nämä sanat kultaisin kirjaimin:
« Accueillez Belle, bannissez la peur »
"Tervetuloa kauneus, karkota pelko"
« Vous êtes reine et maîtresse ici »
"Olet kuningatar ja rakastajatar täällä"
« Exprimez vos souhaits, exprimez votre volonté »
"Puhu toiveesi, sano tahtosi"
« L'obéissance rapide répond ici à vos souhaits »
"Nopea tottelevaisuus täyttää toiveesi täällä"
« Hélas, dit-elle avec un soupir
"Voi", sanoi hän huokaisten
« Ce que je souhaite par-dessus tout, c'est revoir mon pauvre père. »
"Ennen kaikkea haluan nähdä köyhän isäni"
"et j'aimerais savoir ce qu'il fait"
"ja haluaisin tietää mitä hän tekee"
Dès qu'elle eut dit cela, elle remarqua le miroir
Heti kun hän oli sanonut tämän, hän huomasi peilin
à sa grande surprise, elle vit sa propre maison dans le miroir
suureksi hämmästyksekseen hän näki oman kotinsa peilistä
son père est arrivé émotionnellement épuisé
hänen isänsä saapui emotionaalisesti uupuneena
ses sœurs sont allées à sa rencontre
hänen sisarensa menivät tapaamaan häntä
malgré leurs tentatives de paraître tristes, leur joie était visible
huolimatta heidän yrityksistään näyttää surullisilta, heidän ilonsa oli näkyvää
un instant plus tard, tout a disparu
hetken kuluttua kaikki katosi
et les appréhensions de Belle ont également disparu
ja kauneuden pelko katosi myös

car elle savait qu'elle pouvait faire confiance à la bête
sillä hän tiesi voivansa luottaa petoon
À midi, elle trouva le dîner prêt
Keskipäivällä hän löysi illallisen valmiina
elle s'est assise à la table
hän istuutui pöytään
et elle a été divertie avec un concert de musique
ja häntä viihdytettiin musiikkikonsertilla
même si elle ne pouvait voir personne
vaikka hän ei nähnyt ketään
le soir, elle s'est à nouveau assise pour dîner
yöllä hän istui taas illalliselle
cette fois elle entendit le bruit que faisait la bête
tällä kertaa hän kuuli melun, jota peto teki
et elle ne pouvait s'empêcher d'être terrifiée
eikä hän voinut olla peloissaan
"Belle", dit le monstre
"kauneus", sanoi hirviö
"est-ce que tu me permets de manger avec toi ?"
"sallitko minun syödä kanssasi?"
« Fais comme tu veux », répondit Belle en tremblant
"Tee mitä tahdot", kaunotar vastasi vapisten
"Non", répondit la bête
"Ei", vastasi peto
"tu es seule la maîtresse ici"
"Sinä yksin olet rakastajatar täällä"
"tu peux me renvoyer si je suis gênant"
"Voit lähettää minut pois, jos olen hankala"
« renvoyez-moi et je me retirerai immédiatement »
"lähetä minut pois niin vetäydyn välittömästi"
« Mais dis-moi, ne me trouves-tu pas très laide ? »
"Mutta, kerro minulle; enkö sinun mielestäsi ole kovin ruma?"
"C'est vrai", dit Belle
"Se on totta", sanoi kaunotar
« Je ne peux pas mentir »
"En voi valehdella"

"mais je crois que tu es de très bonne nature"
"mutta uskon, että olet erittäin hyväluonteinen"
« Je le suis en effet », dit le monstre
"Olen todellakin", sanoi hirviö
« Mais à part ma laideur, je n'ai pas non plus de bon sens »
"Mutta rumuudeni lisäksi minulla ei ole myöskään järkeä"
« Je sais très bien que je suis une créature stupide »
"Tiedän erittäin hyvin, että olen typerä olento"
« Ce n'est pas un signe de folie de penser ainsi », répondit Belle.
"Ei ole hulluuden merkki ajatella niin", vastasi kaunotar
« Mange donc, belle », dit le monstre
"Syö sitten, kaunotar", sanoi hirviö
« essaie de t'amuser dans ton palais »
"yritä viihdyttää itseäsi palatsissasi"
"tout ici est à toi"
"kaikki täällä on sinun"
"et je serais très mal à l'aise si tu n'étais pas heureux"
"ja olisin hyvin levoton, jos et olisi onnellinen"
« Vous êtes très obligeant », répondit Belle
"Olet erittäin kohtelias", vastasi kaunotar
« J'avoue que je suis heureux de votre gentillesse »
"Myönnän, että olen iloinen ystävällisyydestäsi"
« et quand je considère votre gentillesse, je remarque à peine vos difformités »
"ja kun ajattelen ystävällisyyttäsi, en juurikaan huomaa epämuodostumiasi"
« Oui, oui, dit la bête, mon cœur est bon.
"Kyllä, kyllä", sanoi peto, "sydämeni on hyvä
"mais même si je suis bon, je suis toujours un monstre"
"mutta vaikka olen hyvä, olen silti hirviö"
« Il y a beaucoup d'hommes qui méritent ce nom plus que toi »
"On monia miehiä, jotka ansaitsevat sen nimen enemmän kuin sinä"
"et je te préfère tel que tu es"

"ja pidän sinusta parempana sellaisena kuin olet"
"et je te préfère à ceux qui cachent un cœur ingrat"
"ja minä pidän sinusta enemmän kuin niistä, jotka kätkevät kiittämättömän sydämen"
"Si seulement j'avais un peu de bon sens", répondit la bête
"Jos minulla vain olisi järkeä", vastasi peto
"Si j'avais du bon sens, je vous ferais un beau compliment pour vous remercier"
"Jos minulla olisi järkeä, tekisin hienon kohteliaisuuden kiittääkseni sinua"
"mais je suis si ennuyeux"
"mutta olen niin tylsä"
« Je peux seulement dire que je vous suis très reconnaissant »
"Voin vain sanoa, että olen erittäin kiitollinen sinulle"
Belle a mangé un copieux souper
kaunotar söi runsaan illallisen
et elle avait presque vaincu sa peur du monstre
ja hän oli melkein voittanut pelkonsa hirviötä kohtaan
mais elle a voulu s'évanouir lorsque la bête lui a posé la question suivante
mutta hän halusi pyörtyä, kun peto kysyi häneltä seuraavan kysymyksen
"Belle, veux-tu être ma femme ?"
"Kaunotar, tuletko vaimokseni?"
elle a mis du temps avant de pouvoir répondre
hän kesti jonkin aikaa ennen kuin ehti vastata
parce qu'elle avait peur de le mettre en colère
koska hän pelkäsi saada hänet vihaiseksi
Mais finalement elle dit "non, bête"
Lopulta hän kuitenkin sanoi "ei, peto"
immédiatement le pauvre monstre siffla très effroyablement
heti köyhä hirviö sihisi hyvin pelokkaasti
et tout le palais résonna
ja koko palatsi kaikui
mais Belle se remit bientôt de sa frayeur

mutta kauneus toipui pian pelostaan
parce que la bête parla encore d'une voix lugubre
koska peto puhui taas surullisella äänellä
"Alors adieu, Belle"
"Sitten hyvästi, kaunotar"
et il ne se retournait que de temps en temps
ja hän kääntyi vain silloin tällöin
de la regarder alors qu'il sortait
katsomaan häntä hänen lähtiessään ulos
maintenant Belle était à nouveau seule
nyt kauneus oli taas yksin
elle ressentait beaucoup de compassion
hän tunsi suurta myötätuntoa
"Hélas, c'est mille fois dommage"
"Voi, se on tuhat sääli"
"tout ce qui est si bon ne devrait pas être si laid"
"mikään niin hyvälaatuinen ei saa olla niin rumaa"
Belle a passé trois mois très heureuse dans le palais
kaunotar vietti kolme kuukautta erittäin tyytyväisenä palatsissa
chaque soir la bête lui rendait visite
joka ilta peto kävi hänen luonaan
et ils ont parlé pendant le dîner
ja he puhuivat illallisen aikana
ils ont parlé avec bon sens
he puhuivat terveellä järjellä
mais ils ne parlaient pas avec ce que les gens appellent de l'esprit
mutta he eivät puhuneet sillä, mitä ihmiset kutsuvat nokkelaksi
Belle a toujours découvert un caractère précieux dans la bête
kaunotar löysi aina jonkin arvokkaan hahmon pedosta
et elle s'était habituée à sa difformité
ja hän oli tottunut hänen epämuodostumaansa
elle ne redoutait plus le moment de sa visite
hän ei enää pelännyt hänen vierailunsa aikaa

maintenant elle regardait souvent sa montre
nyt hän katsoi usein kelloaan
et elle ne pouvait pas attendre qu'il soit neuf heures
ja hän ei malttanut odottaa, että kello olisi yhdeksän
car la bête ne manquait jamais de venir à cette heure-là
koska peto ei koskaan jäänyt tulematta tuohon aikaan
il n'y avait qu'une seule chose qui concernait Belle
oli vain yksi asia, joka koski kauneutta
chaque soir avant d'aller au lit, la bête lui posait la même question
joka ilta ennen kuin hän meni nukkumaan, peto kysyi häneltä saman kysymyksen
le monstre lui a demandé si elle voulait être sa femme
hirviö kysyi häneltä, olisiko hän hänen vaimonsa
un jour elle lui dit : "bête, tu me mets très mal à l'aise"
eräänä päivänä hän sanoi hänelle: "Peto, teet minut hyvin levottomaksi"
« J'aimerais pouvoir consentir à t'épouser »
"Toivon, että voisin suostua naimisiin kanssasi"
"mais je suis trop sincère pour te faire croire que je t'épouserais"
"mutta olen liian vilpitön saadakseen sinut uskomaan, että menisin naimisiin kanssasi"
"Notre mariage n'aura jamais lieu"
"Avioliittomme ei tule koskaan toteutumaan"
« Je te verrai toujours comme un ami »
"Näen sinut aina ystävänä"
"S'il vous plaît, essayez d'être satisfait de cela"
"Yrittäkää olla tyytyväinen tähän"
« Je dois me contenter de cela », dit la bête
"Minun täytyy olla tyytyväinen tähän", sanoi peto
« Je connais mon propre malheur »
"Tiedän oman onnettomuuteni"
"mais je t'aime avec la plus tendre affection"
"mutta rakastan sinua helläimmällä kiintymyksellä "
« Cependant, je devrais me considérer comme heureux »

"Minun pitäisi kuitenkin pitää itseäni onnellisena"
"et je serais heureux que tu restes ici"
"ja minun pitäisi olla onnellinen, että pysyt täällä"
"promets-moi de ne jamais me quitter"
"lupaa minulle, ettet koskaan jätä minua"
Belle rougit à ces mots
kaunotar punastui näistä sanoista
Un jour, Belle se regardait dans son miroir
eräänä päivänä kaunotar katsoi peiliinsä
son père s'était inquiété à mort pour elle
hänen isänsä oli huolissaan sairaana hänen puolestaan
elle avait plus que jamais envie de le revoir
hän halusi nähdä hänet uudelleen enemmän kuin koskaan
« Je pourrais te promettre de ne jamais te quitter complètement »
"Voisin luvata, etten koskaan jätä sinua kokonaan"
"mais j'ai tellement envie de voir mon père"
"mutta minulla on niin suuri halu nähdä isäni"
« Je serais terriblement contrarié si tu disais non »
"Olisin mahdottoman järkyttynyt, jos sanoisit ei"
« Je préfère mourir moi-même », dit le monstre
"Minä olisin mieluummin kuollut itse", sanoi hirviö
« Je préférerais mourir plutôt que de te mettre mal à l'aise »
"Kuolen mieluummin kuin saattaisin sinut tuntemaan levottomuutta"
« Je t'enverrai vers ton père »
"Lähetän sinut isäsi luo"
"tu resteras avec lui"
"Sinä jäät hänen luokseen"
"et cette malheureuse bête mourra de chagrin à la place"
"ja tämä onneton peto kuolee sen sijaan suruun"
« Non », dit Belle en pleurant
"Ei", kaunotar sanoi itkien
"Je t'aime trop pour être la cause de ta mort"
"Rakastan sinua liian paljon ollakseni kuolemasi syy"
"Je te promets de revenir dans une semaine"

"Annan sinulle lupaukseni palata viikon kuluttua"
« Tu m'as montré que mes sœurs sont mariées »
"Olet näyttänyt minulle, että sisareni ovat naimisissa"
« et mes frères sont partis à l'armée »
"ja veljeni ovat menneet armeijaan"
« laisse-moi rester une semaine avec mon père, car il est seul »
"Anna minun olla viikon isäni luona, koska hän on yksin"
« Tu seras là demain matin », dit la bête
"Olet siellä huomenna aamulla", sanoi peto
"mais souviens-toi de ta promesse"
"Mutta muista lupauksesi"
« Il vous suffit de poser votre bague sur une table avant d'aller vous coucher »
"Sinun tarvitsee vain laittaa sormus pöydälle ennen nukkumaanmenoa"
"et alors tu seras ramené avant le matin"
"ja sitten sinut tuodaan takaisin ennen aamua"
« Adieu chère Belle », soupira la bête
"Hyvästi, rakas kaunotar", huokasi peto
Belle s'est couchée très triste cette nuit-là
kaunotar meni nukkumaan hyvin surullisena sinä iltana
parce qu'elle ne voulait pas voir la bête si inquiète
koska hän ei halunnut nähdä petoa niin huolestuneena
le lendemain matin, elle se retrouva chez son père
seuraavana aamuna hän löysi itsensä isänsä kodista
elle a sonné une petite cloche à côté de son lit
hän soitti pientä kelloa sänkynsä vieressä
et la servante poussa un grand cri
ja piika huusi kovaa
et son père a couru à l'étage
ja hänen isänsä juoksi yläkertaan
il pensait qu'il allait mourir de joie
hän luuli kuolevansa iloon
il l'a tenue dans ses bras pendant un quart d'heure
hän piti häntä sylissään neljänneksen tunnin ajan

Finalement, les premières salutations étaient terminées
lopulta ensimmäiset terveiset olivat ohi
Belle a commencé à penser à sortir du lit
kaunotar alkoi miettiä sängystä nousemista
mais elle s'est rendu compte qu'elle n'avait apporté aucun vêtement
mutta hän tajusi, ettei ollut tuonut vaatteita
mais la servante lui a dit qu'elle avait trouvé une boîte
mutta piika kertoi löytäneensä laatikon
le grand coffre était plein de robes et de robes
iso tavaratila oli täynnä pukuja ja mekkoja
chaque robe était couverte d'or et de diamants
jokainen puku oli päällystetty kullalla ja timantilla
La Belle a remercié la Bête pour ses bons soins
kaunotar kiitti petoa ystävällisestä hoidostaan
et elle a pris l'une des robes les plus simples
ja hän otti yhden selkeimmistä mekoista
elle avait l'intention de donner les autres robes à ses sœurs
hän aikoi antaa muut mekot sisarilleen
mais à cette pensée le coffre de vêtements disparut
mutta siinä ajatuksessa vaatearkku katosi
la bête avait insisté sur le fait que les vêtements étaient pour elle seulement
peto oli vaatinut, että vaatteet olivat vain hänelle
son père lui a dit que c'était le cas
hänen isänsä kertoi hänelle, että näin oli
et aussitôt le coffre de vêtements est revenu
ja heti vaatteet palasivat takaisin
Belle s'est habillée avec ses nouveaux vêtements
kaunotar pukeutui uusiin vaatteisiinsa
et pendant ce temps les servantes allèrent chercher ses sœurs
ja sillä välin piiat menivät etsimään hänen sisaruksiaan
ses deux sœurs étaient avec leurs maris
molemmat hänen sisarensa olivat miehensä kanssa
mais ses deux sœurs étaient très malheureuses
mutta molemmat hänen sisarensa olivat hyvin onnettomia

sa sœur aînée avait épousé un très beau gentleman
hänen vanhin sisarensa oli naimisissa erittäin komean herrasmiehen kanssa
mais il était tellement amoureux de lui-même qu'il négligeait sa femme
mutta hän oli niin rakas itseensä, että hän laiminlyö vaimonsa
sa deuxième sœur avait épousé un homme spirituel
hänen toinen sisarensa oli mennyt naimisiin nokkelan miehen kanssa
mais il a utilisé son esprit pour tourmenter les gens
mutta hän käytti älykkyyttään ihmisten kiusaamiseen
et il tourmentait surtout sa femme
ja hän kiusasi vaimoaan eniten
Les sœurs de Belle l'ont vue habillée comme une princesse
kauneuden sisaret näkivät hänet pukeutuneena kuin prinsessa
et ils furent écœurés d'envie
ja he saivat kateudesta
maintenant elle était plus belle que jamais
nyt hän oli kauniimpi kuin koskaan
son comportement affectueux n'a pas pu étouffer leur jalousie
hänen hellä käytöksensä ei voinut tukahduttaa heidän mustasukkaisuuttaan
elle leur a dit combien elle était heureuse avec la bête
hän kertoi heille kuinka onnellinen hän oli pedon kanssa
et leur jalousie était prête à éclater
ja heidän kateutensa oli valmis puhkeamaan
Ils descendirent dans le jardin pour pleurer leur malheur
He menivät alas puutarhaan itkemään epäonneaan
« **En quoi cette petite créature est-elle meilleure que nous ?** »
"Millä tavalla tämä pieni olento on meitä parempi?"
« **Pourquoi devrait-elle être tellement plus heureuse ?** »
"Miksi hänen pitäisi olla niin paljon onnellisempi?"
« **Sœur** », dit la sœur aînée
"Sisko", sanoi vanhempi sisko
"**une pensée vient de me traverser l'esprit**"

"Ajatus iski mieleeni"
« Essayons de la garder ici plus d'une semaine »
"Yritetään pitää hänet täällä yli viikon"
"Peut-être que cela fera enrager ce monstre idiot"
"ehkä tämä raivoaa typerän hirviön"
« parce qu'elle aurait manqué à sa parole »
"koska hän olisi rikkonut sanansa"
"et alors il pourrait la dévorer"
"ja sitten hän saattaa niellä hänet"
"C'est une excellente idée", répondit l'autre sœur
"Se on hieno idea", vastasi toinen sisko
« Nous devons lui montrer autant de gentillesse que possible »
"Meidän täytyy osoittaa hänelle niin paljon ystävällisyyttä kuin mahdollista"
les sœurs en ont fait leur résolution
sisaret tekivät tämän päätöksensä
et ils se sont comportés très affectueusement envers leur sœur
ja he käyttäytyivät hyvin hellästi siskoaan kohtaan
pauvre Belle pleurait de joie à cause de toute leur gentillesse
köyhä kaunotar itki ilosta kaikesta heidän ystävällisyydestään
quand la semaine fut expirée, ils pleurèrent et s'arrachèrent les cheveux
kun viikko oli kulunut umpeen, he itkivät ja repivät hiuksiaan
ils semblaient si désolés de se séparer d'elle
he näyttivät niin pahoilta erota hänestä
et Belle a promis de rester une semaine de plus
ja kauneus lupasi viipyä viikon pidempään
Pendant ce temps, Belle ne pouvait s'empêcher de réfléchir sur elle-même
Sillä välin kauneus ei voinut olla pohtimatta itseään
elle s'inquiétait de ce qu'elle faisait à la pauvre bête
hän oli huolissaan siitä, mitä hän teki pedolle
elle sait qu'elle l'aimait sincèrement
hän tietää rakastavansa häntä vilpittömästi

et elle avait vraiment envie de le revoir
ja hän todella halusi nähdä hänet uudelleen
la dixième nuit qu'elle a passée chez son père aussi
kymmenennen yön hän vietti myös isänsä luona
elle a rêvé qu'elle était dans le jardin du palais
hän unelmoi olevansa palatsin puutarhassa
et elle rêva qu'elle voyait la bête étendue sur l'herbe
ja hän näki unta näkevänsä pedon ruoholla
il semblait lui faire des reproches d'une voix mourante
hän näytti moittelevan häntä kuolevalla äänellä
et il l'accusa d'ingratitude
ja hän syytti häntä kiittämättömyydestä
Belle s'est réveillée de son sommeil
kaunotar heräsi unestaan
et elle a fondu en larmes
ja hän purskahti itkuun
« Ne suis-je pas très méchant ? »
"Enkö ole kovin ilkeä?"
« N'était-ce pas cruel de ma part d'agir si méchamment envers la bête ? »
"Eikö ollut julmaa, että toimin niin epäystävällisesti pedolle?"
"la bête a tout fait pour me faire plaisir"
"peto teki kaikkensa miellyttääkseen minua"
« Est-ce sa faute s'il est si laid ? »
"Onko hänen syynsä, että hän on niin ruma?"
« Est-ce sa faute s'il a si peu d'esprit ? »
"Onko hänen syynsä, että hänellä on niin vähän järkeä?"
« Il est gentil et bon, et cela suffit »
"Hän on ystävällinen ja hyvä, ja se riittää"
« Pourquoi ai-je refusé de l'épouser ? »
"Miksi kieltäydyin menemästä hänen kanssaan naimisiin?"
« Je devrais être heureux avec le monstre »
"Minun pitäisi olla tyytyväinen hirviöön"
« regarde les maris de mes sœurs »
"Katsokaa sisarteni aviomiehiä"
« Ni l'esprit, ni la beauté ne les rendent bons »

"nokkeluus eikä komeus tee heistä hyviä"
« aucun de leurs maris ne les rend heureuses »
"kumpikaan heidän aviomiehistään ei tee heitä onnelliseksi"
« mais la vertu, la douceur de caractère et la patience »
"mutta hyve, luonteen suloisuus ja kärsivällisyys"
"ces choses rendent une femme heureuse"
"nämä asiat tekevät naisen onnelliseksi"
"et la bête a toutes ces qualités précieuses"
"ja pedolla on kaikki nämä arvokkaat ominaisuudet"
"c'est vrai, je ne ressens pas de tendresse et d'affection pour lui"
"se on totta; en tunne kiintymyksen hellyyttä häntä kohtaan"
"mais je trouve que j'éprouve la plus grande gratitude envers lui"
"mutta huomaan olevani erittäin kiitollinen hänestä"
"et j'ai la plus haute estime pour lui"
"ja minä arvostan häntä eniten"
"et il est mon meilleur ami"
"ja hän on paras ystäväni"
« Je ne le rendrai pas malheureux »
"En tee hänestä kurjaa"
« Si j'étais si ingrat, je ne me le pardonnerais jamais »
"Jos olisin niin kiittämätön, en koskaan antaisi itselleni anteeksi"
Belle a posé sa bague sur la table
kaunotar laittoi sormuksensa pöydälle
et elle est retournée au lit
ja hän meni uudestaan nukkumaan
à peine était-elle au lit qu'elle s'endormit
tuskin hän oli sängyssä ennen nukahtamistaan
elle s'est réveillée à nouveau le lendemain matin
hän heräsi taas seuraavana aamuna
et elle était ravie de se retrouver dans le palais de la bête
ja hän oli äärettömän iloinen löytäessään itsensä pedon palatsista
elle a mis une de ses plus belles robes pour lui faire plaisir

hän puki yhden kauneimmista mekoistaan miellyttääkseen häntä
et elle attendait patiemment le soir
ja hän odotti kärsivällisesti iltaa
enfin l' heure tant souhaitée est arrivée
koitti toivottu tunti
L'horloge a sonné neuf heures, mais aucune bête n'est apparue
kello löi yhdeksän, mutta petoa ei ilmestynyt
La belle craignit alors d'avoir été la cause de sa mort
kaunotar sitten pelkäsi, että hän oli ollut hänen kuolemansa syy
elle a couru en pleurant dans tout le palais
hän juoksi itkien ympäri palatsia
après l'avoir cherché partout, elle se souvint de son rêve
etsittyään häntä kaikkialta, hän muisti unensa
et elle a couru vers le canal dans le jardin
ja hän juoksi puutarhassa olevalle kanavalle
là elle a trouvé la pauvre bête étendue
sieltä hän löysi köyhän pedon ojennettuna
et elle était sûre de l'avoir tué
ja hän oli varma tappaneensa hänet
elle se jeta sur lui sans aucune crainte
hän heittäytyi hänen kimppuunsa ilman pelkoa
son cœur battait encore
hänen sydämensä löi edelleen
elle est allée chercher de l'eau au canal
hän haki vettä kanavasta
et elle versa l'eau sur sa tête
ja hän kaatoi vettä hänen päähänsä
la bête ouvrit les yeux et parla à Belle
peto avasi silmänsä ja puhui kauneudelle
« Tu as oublié ta promesse »
"Unohdit lupauksesi"
« J'étais tellement navrée de t'avoir perdu »
"Olin niin särkynyt, kun menetin sinut"

« J'ai décidé de me laisser mourir de faim »
"Päätin nähdä itseni nälkään"
"mais j'ai le bonheur de te revoir une fois de plus"
"Mutta minulla on ilo nähdä sinut vielä kerran"
"j'ai donc le plaisir de mourir satisfait"
"niin minulla on ilo kuolla tyytyväisenä"
« Non, chère bête », dit Belle, « tu ne dois pas mourir »
"Ei, rakas peto", sanoi kaunotar, "et saa kuolla"
« Vis pour être mon mari »
"Elä ollakseni mieheni"
"à partir de maintenant je te donne ma main"
"Tästä hetkestä lähtien annan sinulle käteni"
"et je jure de n'être que le tien"
"Ja vannon, että olen vain sinun"
« Hélas ! Je pensais n'avoir que de l'amitié pour toi »
"Voi! Luulin, että minulla on vain ystävyys sinua varten"
« mais la douleur que je ressens maintenant m'en convainc » ;
"mutta suru, jota nyt tunnen, vakuuttaa minut;"
"Je ne peux pas vivre sans toi"
"En voi elää ilman sinua"
Belle avait à peine prononcé ces mots lorsqu'elle vit une lumière
kauneus tuskin oli sanonut nämä sanat nähdessään valon
le palais scintillait de lumière
palatsi kimalteli valoa
des feux d'artifice ont illuminé le ciel
ilotulitus valaisi taivaan
et l'air rempli de musique
ja ilma täynnä musiikkia
tout annonçait un grand événement
kaikki kertoi jostain suuresta tapahtumasta
mais rien ne pouvait retenir son attention
mutta mikään ei voinut kiinnittää hänen huomionsa
elle s'est tournée vers sa chère bête
hän kääntyi rakkaan pedon puoleen

la bête pour laquelle elle tremblait de peur
peto, jonka vuoksi hän vapisi pelosta
mais sa surprise fut grande face à ce qu'elle vit !
mutta hänen yllätyksensä oli suuri näkemästään!
la bête avait disparu
peto oli kadonnut
Au lieu de cela, elle a vu le plus beau prince
sen sijaan hän näki ihanimman prinssin
elle avait mis fin au sort
hän oli lopettanut loitsun
un sort sous lequel il ressemblait à une bête
loitsu, jossa hän muistutti petoa
ce prince était digne de toute son attention
tämä prinssi oli kaiken huomionsa arvoinen
mais elle ne pouvait s'empêcher de demander où était la bête
mutta hän ei voinut olla kysymättä, missä peto oli
« Vous le voyez à vos pieds », dit le prince
"Näet hänet jaloissasi", sanoi prinssi
« Une méchante fée m'avait condamné »
"Paha keiju oli tuominnut minut"
« Je devais rester dans cette forme jusqu'à ce qu'une belle princesse accepte de m'épouser »
"Minun piti pysyä siinä muodossa, kunnes kaunis prinsessa suostui naimisiin kanssani"
"la fée a caché ma compréhension"
"keiju piilotti ymmärrykseni"
« tu étais le seul assez généreux pour être charmé par la bonté de mon caractère »
"Sinä olit ainoa tarpeeksi antelias ollakseen ihastunut luonteeni hyvyyteen"
Belle était agréablement surprise
kaunotar yllätti iloisesti
et elle donna sa main au charmant prince
ja hän antoi hurmaavalle prinssille kätensä
ils sont allés ensemble au château
he menivät yhdessä linnaan

et Belle fut ravie de retrouver son père au château
ja kauneus oli äärettömän iloinen löydettyään isänsä linnasta
et toute sa famille était là aussi
ja koko hänen perheensä oli myös siellä
même la belle dame qui lui était apparue dans son rêve était là
Jopa hänen unessaan ilmestynyt kaunis nainen oli siellä
"Belle", dit la dame du rêve
"kauneus", sanoi nainen unesta
« viens et reçois ta récompense »
"Tule ja vastaanota palkintosi"
« Vous avez préféré la vertu à l'esprit ou à l'apparence »
"Olet mieluummin hyve kuin äly tai ulkonäkö"
"et tu mérites quelqu'un chez qui ces qualités sont réunies"
"ja ansaitset jonkun, jossa nämä ominaisuudet yhdistyvät"
"tu vas être une grande reine"
"sinusta tulee mahtava kuningatar"
« J'espère que le trône ne diminuera pas votre vertu »
"Toivon, että valtaistuin ei vähennä hyvettäsi"
puis la fée se tourna vers les deux sœurs
sitten keiju kääntyi kahden sisaruksen puoleen
« J'ai vu à l'intérieur de vos cœurs »
"Olen nähnyt sydämesi sisällä"
"et je connais toute la méchanceté que contiennent vos cœurs"
"ja minä tiedän kaiken pahan, mitä sydämesi sisältää"
« Vous deux deviendrez des statues »
"teistä kahdesta tulee patsaita"
"mais vous garderez votre esprit"
"mutta pidät mielessäsi"
« Tu te tiendras aux portes du palais de ta sœur »
"sinun tulee seisoa sisaresi palatsin porteilla"
"Le bonheur de ta sœur sera ta punition"
"sisaresi onnellisuus on sinun rangaistuksesi"
« vous ne pourrez pas revenir à vos anciens états »
"et voi palata entisiin valtioihisi"

« à moins que vous n'admettiez tous les deux vos fautes »
"ellette molemmat tunnusta virheitänne"
"mais je prévois que vous resterez toujours des statues"
"mutta minä oletan, että pysytte aina patsaisina"
« L'orgueil, la colère, la gourmandise et l'oisiveté sont parfois vaincus »
"Ylpeys, viha, ahneus ja joutilaisuus voitetaan joskus"
" mais la conversion des esprits envieux et malveillants sont des miracles "
" mutta kateellisten ja ilkeiden mielien kääntyminen on ihmeitä"
immédiatement la fée donna un coup de baguette
heti keiju löi sauvallaan
et en un instant tous ceux qui étaient dans la salle furent transportés
ja hetkessä kaikki salissa olevat kuljetettiin
ils étaient entrés dans les domaines du prince
he olivat menneet prinssin valtakuntaan
les sujets du prince l'ont reçu avec joie
prinssin alamaiset ottivat hänet iloisesti vastaan
le prêtre a épousé Belle et la bête
pappi naimisissa kaunotar ja pedon kanssa
et il a vécu avec elle de nombreuses années
ja hän asui hänen kanssaan monta vuotta
et leur bonheur était complet
ja heidän onnensa oli täydellinen
parce que leur bonheur était fondé sur la vertu
koska heidän onnensa perustui hyveeseen

La fin
Loppu

www.tranzlaty.com

www.ingramcontent.com/pod-product-compliance
Lightning Source LLC
Chambersburg PA
CBHW011556070526
44585CB00023B/2626